DU DROIT

QUE

LA LORRAINE ET L'ALSACE

ONT

DE RESTER FRANÇAISES

PAR

Edmond DUPONT,

Licencié ès-lettres, Professeur au Collége de Beauvais.

CAMBRAI

TYPOGRAPHIE DE Ve L. CARION ET Cie.

—

1871

DU DROIT

LA LORRAINE ET L'ALSACE

DE RESTER FRANÇAISES

La Prusse, en poursuivant l'envahissement de la France après la capitulation de Sedan, a avoué elle-même son véritable but. Elle veut s'agrandir à nos dépens, et nous enlever deux de nos plus belles provinces : la Lorraine et l'Alsace, mais elle ne les réclame pas en s'appuyant sur l'odieux droit de conquête; elle justifie ses prétentions par ce prétexte que ces provinces faisaient autrefois partie de l'Empire germanique, et que certaines populations y parlent l'allemand autant que le français.

Prétextes sans valeur ! Quelles revendications pourrait un jour faire la France, si un Etat, lorsqu'il est le plus fort, avait le droit de s'annexer toutes les contrées où l'on parle la même langue que la sienne ?

Quel bouleversement dans les circonscriptions territoriales du centre de l'Europe, si chaque nation pouvait, malgré les traités, réclamer l'adjonction de toute province qui à une époque plus ou moins éloignée a été placée sous sa suzeraineté !

Mais il est bon de voir comment et jusqu'à quelle époque la Lorraine et l'Alsace ont fait partie du corps germanique, pour montrer combien les prétentions de la Prusse sont peu fondées, et quels sont au contraire les droits que ces provinces ont de rester françaises.

Reprenons l'Europe telle que l'avait faite Charlemagne, que l'Allemagne revendique comme son fondateur, aussi bien que la France.

Son vaste empire s'étendait de l'Elbe à l'Elbre. Ses petits-fils formèrent les royaumes de France, de Germanie et d'Italie. La couronne impériale resta bientôt fixée sur la tête du roi de Germanie.

Mais quelle fut en réalité la constitution de la France et celle de l'Empire germanique ? De quelles nations ces deux Etats ont-ils été formés ?

L'Empire germanique a voulu absorber presque tout le reste de l'Europe ; or, trois grandes races en couvrent le sol :

Au sud-ouest, la race celtique ;

Au centre, la race germanique ;

Au nord et à l'est, la race slave.

A ces races, se sont venus joindre bien des peuplades d'origine septentrionale ou asiatique : les Saxons, les Awares, les Hongrois, les Esclavons, les Bohêmes, les Brousses ou Prussiens qui descendent des Scythes, ainsi que les Vandales et les Huns.

Ces peuples se sont plus d'une fois déplacés ; ils ont souvent été en guerre les uns contre les autres ; ils ont envahi réciproquement leur territoire ; plusieurs même ont été soumis par leurs voisins, sans pour cela perdre leur nom.

L'empire germanique n'avait point de bornes naturelles, et il n'eut jamais de limites fixes. On se demande sur quelles bases on prétendrait le reconstituer, tel qu'il fut jadis.

La France au contraire, qui est l'ancienne Gaule, n'est habitée que par une seule race : les Celtes.

Elle est unie et compacte. Tous les peuples qui l'occupent, de l'Océan à la Méditerranée et du Rhin aux Pyrénées, ne forment qu'une seule nation dont l'origine remonte aux temps les plus reculés.

Les peuples étrangers qui, à diverses époques, ont envahi son sol, et sont restés dans l'intérieur du pays, ou n'existent plus, ou se sont assimilés depuis longtemps à la nation indigène.

Tout ce qui en outre a été retranché de ses limites naturelles, l'a été violemment, soit par les partages, soit par les invasions ; mais ces peuples, séparés un moment, ont toujours tendu et tendent encore naturellement et par la force même des choses à se réunir au corps de la nation ; leurs aspirations, leurs intérêts, leurs mœurs, leur langage les en rapprochèrent et les en rapprocheront toujours de plus en plus, malgré les obstacles soulevés par l'ambition des princes et des gouvernements.

Or, parmi les provinces que les partages des petitsfils de Charlemagne avaient séparées des limites de l'ancienne Gaule, se trouva la contrée située entre le Rhin et la Meuse.

Elle fut d'abord placée sous la suzeraineté de l'Empereur d'Allemagne ; mais toute la partie occidentale, c'est-à-dire la Haute-Lorraine s'en affranchit bientôt, sinon de droit, du moins de fait, pour se rattacher à la France ; et indépendante depuis plus de deux siècles, elle s'y est enfin réunie il y a plus de cent ans. Quant à la partie orientale, l'Alsace, elle fut plus longtemps soumise à l'Empire ; mais elle était devenue française plus d'un demi-siècle avant que la Prusse existât comme royaume.

Un coup d'œil jeté sur l'histoire de ces deux provinces, suffit pour nous le montrer.

Lothaire Ier, fils de Louis-le-Débonnaire, meurt en

855, en laissant à ses trois fils, ses Etats qui s'étendent de la mer du Nord à l'Adriatique et la Méditerrannée, entre le royaume de France et le royaume de Germanie; Louis à l'Italie, Charles la Rhétie, (Suisse), et Lothaire II, tout le pays situé entre la Meuse et l'Elbe.

Par la mort de Charles, Lothaire II occupe bientôt aussi la Rhétie, et il donne à son royaume le nom de Lotharingie qui se changea peu à peu en Lorraine.

Lothaire II meurt sans enfants. Charles II, le Chauve, roi de France, et Louis II, le Germanique, se disputent la possession de ses Etats, qui passent ensuite à Louis III, de Germanie, puis à Charles-le-Gros.

A la déposition de ce prince, l'empereur Arnoul s'en empare et les laisse à son fils Zwentibold.

Mais à la mort de celui-ci, les Lorrains se divisèrent en deux partis, dont l'un reconnut pour souverain Charles III, le Simple, roi de France, et l'autre se soumit à Conrad Ier, élu empereur en 912.

Après bien des déchirements causés par ce partage, l'empereur Othon, en 953, donna la Lorraine à son frère Brunon, archevêque de Cologne, qui partagea la Lorraine en deux duchés: Haute Lorraine ou Mosellane, et Basse-Lorraine ou Lothie.

Ce n'est toutefois qu'en 1044 que la séparation des deux Etats fut définitive.

La Basse-Lorraine comprenait le Brabant, la Gueldre, le Cambrésis et l'évêché de Liége.

La Haute-Lorraine bornée par le Rhin et la Meuse, s'étendait du pays Messin jusqu'aux Vosges.

En 1046, l'empereur Henri III, érigea la Haute-Lorraine en duché, qu'il donna à Albert, puis à Gérard d'Alsace.

Thierry II, le vaillant, fils de Gérard, prit le parti de l'Empereur contre les Saxons et dans la querelle des Investitures; mais on ne trouve guère dans l'histoire de la Lorraine, d'autre trace d'une reconnaissance publique de sa vassalité à l'égard de l'Empereur d'Allemagne.

Nous voyons au contraire ce pays se soustraire au plus tôt à la suzeraineté de l'Empire et porter du côté de la France tous ses intérêts et toutes ses affections. Les ducs lorrains sont les alliés les plus fidèles de nos rois ; ils suivent ceux-ci dans toutes leurs grandes expéditions, et lient en toute circonstance la cause de la Lorraine à celle de la France.

En effet, vers 1290, le duc Ferry III, intervient dans les différends soulevés entre le pape Boniface VIII et le roi Philippe IV, le Bel.

Thibauld, qui règne de 1304 à 1312, se distingue aux batailles de Courtrai et de Mons-en-Pévèle, où il combat du côté des Français.

Ferry IV qui avait combattu l'Empereur Louis de Bavière, et qui avait été fait prisonnier par lui à Muhldorf, meurt dans les rangs de l'armée française à la bataille de Cassel.

Raoul accompagne Philippe VI, de Valois, dans son expédition en Bretagne, et il perd la vie à Crécy (1346) en combattant pour la France.

Le duc Jean Ier, aussi fidèle allié des rois Français que ses prédécesseurs, fait ses premières armes à la bataille de Poitiers ; il combat encore à Auray, où il tombe entre les mains des Anglais ; et en 1382, à Rosbeck, il combattait encore avec ses troupes lorraines dans les rangs de l'armée française

En 1410, le duc Charles Ier, accompagne le roi de France, Charles VI, au siège de Bourges ; il prend une part active aux troubles qui agitent le royaume ; la faction d'Orléans le nomme connétable de France.

Charles Ier n'a point d'héritier mâle ; sa fille Isabelle avait épousé René, fils de Louis II, duc d'Anjou et petit-fils de Charles VI. A la mort de Charles, René Ier est reconnu duc par les Etats de Lorraine. Son cousin Antoine de Vaudemont lui dispute la couronne,

avec l'appui de Philippe, duc de Bourgogne, tandis que René est soutenu par Charles VII, roi de France. Nous ne voyons pas que dans ces débats, l'empereur d'Allemagne soit intervenu même indirectement.

Quand en 1473, Charles-le-Téméraire, prince français d'ailleurs, veut enlever la Lorraine à René II de Vaudemont, celui-ci fait une ligne offensive et défensive contre son rival, avec le roi de France Louis XI et l'empereur d'Allemagne Frédéric III; mais celui-ci ne fit rien pour protéger la Lorraine, qu'il eût dû défendre, s'il l'avait regardée comme vassale de l'Empire; Louis XI seul soutint son allié et lui envoya des subsides et des troupes.

Le Téméraire au contraire voulant rétablir à son profit le royaume de Bourgogne, prit rendez-vous à Trèves avec Frédéric III. Mais l'empereur se sépara de lui sans avoir rien conclu, et il ne tenta rien pour soutenir les intérêts de René II, ni pour s'assurer l'hommage de Charles, dans le cas où il s'emparerait de la province. N'est-ce point une preuve que l'empereur d'Allemagne lui-même était convaincu que depuis longtemps la Lorraine était, de fait, indépendante de l'Empire.

Antoine-le-Bon qui succède en 1508 à René II, accompagne Louis XII et François Ier dans leurs expéditions d'Italie. Il se distingue contre les Impériaux à Agnadel et à Marignan.

Son fils François, et son petit-fils Charles III, sont élevés l'un et l'autre à la cour du roi de France, le premier auprès de François Ier, qui est son parrain, le second auprès de Henri II.

Mais l'acte le plus important du règne d'Antoine-le-Bon, fut le traité qu'il fit à la Diète de Nuremberg le 26 août 1542; par suite d'une transaction entre lui, Ferdinand-le-Catholique, roi d'Aragon, Charles-Quint, empereur d'Allemagne et le corps Germanique, le duché de Lorraine fut déclaré libre et indépendant de l'Empire.

Ce traité ne fit que constituer en droit ce qui de fait existait depuis longtemps.

Certes, pendant tant de siècles, les princes lorrains n'auraient pu suivre une telle politique, s'ils n'y avaient été eux-mêmes entraînés par les vœux des populations qu'ils gouvernaient.

Ce qui le prouve, c'est que tant que les ducs de Lorraine, indifférents ou hostiles à la puissance de l'Allemagne, unirent les intérêts de leur pays à ceux de la France, il ne s'y manifesta contre eux aucun mécontentement; au contraire, le peuple lorrain heureux sous leur gouvernement, leur témoigna en toute occasion, son dévouement et sa fidélité.

En outre, quand les Guise, princes de la branche cadette, prirent la plus grande part aux affaires de la France, et furent poussés par leurs alliances avec la famille royale à aspirer même au trône, ils furent secondés dans leur entreprise par les Lorrains qui auraient été fiers de voir leurs princes porter la couronne de France.

Mais lorsque la branche aînée, comme pour faire preuve de l'indépendance qu'elle avait obtenue par le traité de Nuremberg, s'allie avec la maison impériale qu'elle ne craint plus, et rompt avec la politique séculaire de ses ancêtres, en se déclarant contre la France son alliée naturelle et son plus fidèle soutien, elle perd aussitôt les sympathies du peuple lorrain, qui la défend mal contre les attaques de Richelieu et de Louis XIV.

Ce changement de politique attire sur la Lorraine une longue série d'agitations et de malheurs; les princes lorrains sont obligés de fuir en Allemagne près de l'Empereur à qui ils ont offert leurs services; et la province entière ne voit enfin de terme à ses maux que dans une annexion définitive à la France.

Ainsi Charles III qui prit parti contre la France, dans la guerre de Trente ans, fut privé de ses Etats. Il vécut en guerre ouverte contre Louis XIV et il entretint une armée qu'il mettait à la solde des princes étrangers, et qu'il employait à lever des contributions sur la Lorraine. On comprend combien de pareilles mesures devaient indisposer contre lui les Lorrains. Il fit avec la France divers traités qu'il viola toujours : ce qui donna lieu à cette puissance de s'emparer de ses Etats. Enfin, après diverses péripéties, il conclut avec Louis XIV le traité de Montmartre, dans lequel il était stipulé, entre autres conditions, qu'après sa mort, le duché de Lorraine passerait aux rois de France, et que les princes lorrains acquerraient le titre et les prérogatives de princes du sang.

Mais Charles III n'observa pas mieux ce traité que tous ceux qu'il avait déjà signés auparavant, et le duché fut de nouveau envahi par le maréchal de Créqui en 1670. Le duc fut encore obligé de quitter le pays qui fut démembré et occupé par les Français.

Son neveu Charles IV lui succéda ; mais pour ce prince le titre de duc de Lorraine ne fut que nominatif ; jamais il ne rentra dans son duché.

Léopold, son fils, qui lui succéda en 1690, fut en 1697, par le traité de Ryswick, remis en possession de ses Etats, que les Français avaient occupés vingt-sept ans ; mais il céda Longwy et Sarrelouis.

Il eut pour successeur, en 1729, son fils François-Etienne, époux de Marie-Thérèse d'Autriche ; mais la Lorraine fut encore occupée en 1733 par les Français ; et quand François fut élu empereur d'Allemagne en 1736, par le traité de Vienne il céda, en échange de la Toscane, son duché de Lorraine à Stanislas, ex-roi de Pologne, avec la condition de retour à la France, après la mort de ce dernier prince.

Stanislas mourut en 1766, et cette province que la conformité d'origine et de langage ainsi que sa position, ses intérêts et ses sympathies rattachaient naturellement à la France, y fut enfin réunie pour toujours. Depuis cette époque, les Lorrains ont prouvé, en toute circonstance, qu'ils sont Français de cœur, et que rien ne saurait désormais les arracher à la mère-patrie.

L'Alsace est restée plus longtemps que la Lorraine sous la suzeraineté de l'Empire, mais en revanche, sa réunion à la France date d'une époque plus reculée : du traité de Westphalie 1648.

L'Alsace fit jadis partie de la Gaule celtique; ses habitants eurent souvent à lutter contre les incursions des Germains : il reste encore des débris de quelques murailles d'enceinte dans la Basse-Alsace, et d'une longue muraille du sud au nord de la Haute-Alsace, que les Gaulois avaient construites pour se préserver contre les attaques de ces barbares.

L'Alsace fut ensuite comprise dans la Gaule romaine ; sous les successeurs de Clovis, elle fit partie du royaume franc d'Austrasie. Après Louis-le-Débonnaire en 843, par le traité de Verdun, elle fut donnée à Lothaire Ier, empereur et roi d'Italie. De 869 à 1260 elle appartint tantôt aux princes Lorrains, tantôt aux ducs de Souabe.

Othon II, de Hapsbourg, acquit alors la Haute-Alsace qui resta à la maison d'Autriche; et la Basse-Alsace, à l'exception de Strasbourg, releva immédiatement de l'empire jusqu'en 1648. Par le traité de Westphalie (Munster), la maison d'Autriche et le corps germanique cédèrent à la France tous leurs droits, la première sur la Haute-Alsace, la seconde sur la Basse-Alsace; et le traité de Ryswick, 1697, assura à la France la pleine souveraineté de tout le pays alsacien situé sur la rive gauche du Rhin.

La ville de Strasbourg ne fut point comprise dans le traité de Munster, parce que depuis le 12e siècle, elle était devenue le siége d'une République indépendante. Quelquefois ennemie, souvent alliée, mais jamais sujette des empereurs d'Allemagne, la République de Strasbourg maintint toujours son indépendance. Dès 1378, elle entra dans la ligue des villes libres du Rhin ; et elle sut toujours faire respecter ses priviléges, et défendre ses bourgeois contre les prétentions des Seigneurs, des Papes et des Empereurs.

En 1673, Louis XIV prit possession de l'évêché, et en 1681 de la ville de Strasbourg, qui lui furent définitivement cédés par le traité de Ryswick, 1697.

Plusieurs princes allemands conservèrent de grandes propriétés en Alsace. Lorsque l'Assemblée nationale en 1791, abolit tous les droits féodaux, sous le nom de *Princes pensionnés*, ils réclamèrent contre ses décrets, et ce fut sous le prétexte d'obtenir pour eux des indemnités que l'Autriche et l'Empire prirent alors les armes contre la France.

En 1814 et 1815, il fut plus d'une fois question de nous enlever cette province; mais il en serait surgi trop de difficultés, et l'on se contenta d'en détacher l'importante forteresse de Landau.

Si de ces considérations générales nous passons à ce qui regarde en particulier chacune des villes principales de ces deux provinces, nous voyons que plusieurs des villes de la Lorraine étaient réunies à la France longtemps avant le traité définitif de 1736, qui la lui rendit tout entière.

Le Barrois relevait de la France dès l'an 1297; il ressortissait du Parlement de Paris. Il fut réuni à la Lorraine en 1419 par la cession qu'en fit le cardinal Louis, frère de Robert, à René d'Anjou, époux d'Isabelle; mais le duché de Bar resta toujours sous la suzeraineté immédiate de la France.

Vaucouleurs fut acheté en 1355 au sire de Joinville par Philippe VI de Valois. La ville et le château furent réunis au domaine de la couronne par Charles V. Depuis longtemps la patrie de Jeanne d'Arc était française.

A Tuzey près de Vaucouleurs, était une maison de plaisance des rois de France.

Thionville fut pris en 1526 aux Espagnols auxquels il fut rendu par le traité de Câteau-Cambrésis; mais il fut repris par Condé en 1643 et réuni définitivement à la France, par le traité des Pyrénées, en 1659.

Montmédy pris par Condé en 1657 et Bouxonville après la bataille de Rocroy, furent laissés à la France par le même traité.

Toul et Verdun réunis à la couronne en 1552, sous Henri II, furent reconnues définitivement villes françaises, par le traité de Westphalie (Munster) 1648.

Longwy fut donné à la France en 1678 par le traité de Nimègue; ce sont les français qui construisirent la ville-haute, et Vauban la fortifia en 1680.

Sarrebourg fut réuni à la France par le traité de Vincennes en 1661.

Stenay et Clermont, pris par Louis XIV en 1654, furent donnés à la famille du prince de Condé, qui les garda jusqu'en 1791.

La ville de Sarrelouis, qui depuis a été cédée à la Prusse rhénane, a été bâtie par Louis XIV, et fortifiée par Vauban en 1880.

Enfin Metz, ancienne capitale du royaume franc d'Austrasie, puis ville impériale, devint indépendante dès l'an 1211, après la mort d'Albert, son 18e comte. Gertrude, fille d'Albert avait épousé Thibauld 1er, duc de Lorraine; mais la ville de Metz se déclara alors libre et s'administra elle-même. Elle se constitua en République avec des privilèges et des franchises qui assurèrent son indépendance. Elle était sans doute vassale de l'Empire, mais par patriotisme, elle n'eut jamais recours à la chambre impériale. — Elle fut gouvernée par son échevin et ses douze magistrats jurés, et elle a la gloire de n'avoir jamais reçu de troupes impériales dans ses murs.

. Elle fut réunie à la France en 1552, avec Toul et Verdun, par Henri II, après le siége qu'elle soutint contre les impériaux.

Charles-Quint qui voulait reconquérir la Lorraine, vint le 19 octobre, avec 80,000 allemands, investir la ville. Elle fut défendue par François de Guise avec toute la noblesse française et environ cinq mille soldats; les femmes, les enfants avaient évacué la ville; mais tous les hommes en état de porter les armes secondèrent vigoureusement les efforts des troupes françaises, et le 1er janvier 1553, Charles-Quint fut obligé d'abandonner honteusement le siége, après avoir perdu plus du tiers de son armée, et presque tout son matériel de guerre.

Fait digne de remarque : dans cette guerre de Henri II contre Charles-Quint, parmi les alliés de la France contre l'empereur, était Albert de Brandebourg, un des ancêtres du roi de Prusse Guillaume Ier; mais au moment où Charles-Quint fut près d'investir Metz et où Henri II comptait le plus sur le concours d'Albert, celui-ci fit son accommodement avec l'empereur, près de Pont-à-Mousson, se tourna contre les Français, fit prisonnier le duc d'Aumale, et conduisit ses troupes devant Metz.

Metz et son territoire furent de nouveau reconnus comme appartenant à la France, par le traité de Westphalie (1648.)

Metz a plus d'une fois montré à la France son patriotisme. En 1815, elle refusa le passage aux armées alliées, au moment où elles quittaient le sol français. Elle fit construire sous ses remparts un pont sur lequel elles traversèrent la Moselle, afin, dit son historien, que son enceinte, où on ne vit jamais briller un panache étranger, n'eût pas, même en temps de paix, à supporter un spectacle honteux.

Pour ce qui touche l'Alsace, la plupart de ses villes durent à la France leur prospérité et leur force. Depuis leur annexion plusieurs ont vu leur population s'augmenter considérablement; et elles ont acquis une importance qu'elles n'avaient pas.

Vauban a élevé ou restauré les fortifications de Bitche, de Neuf-Brisach, de Schelesdat, de Belfort, où il a essayé pour la première fois son système de tours bastionnées, de la petite ville de Huniogue qui se défendit si héroïquement en 1815, avec 140 hommes, sous les ordres du général Barbanègre, contre 25,000 autrichiens.

Terminons en disant que Colmar et Mulhouse étaient ainsi que Strasbourg, des villes libres, et que depuis le 13ᵉ siècle, elles jouissaient de leur indépendance.

Mulhouse, en particulier, forma avec son territoire, dès 1208, une petite république démocratique ; elle s'allia en 1515 avec la Suisse. Elle garda toujours la neutralité, dans toutes les guerres entre la France et l'Allemagne ; et cette neutralité fut aussi de tout temps respectée par ces deux puissances. La république de Mulhouse fut réunie à la France en 1798, et cette réunion n'a fait qu'accroître sa prospérité. Son industrie s'est prodigieusement développée ; le nombre de ses habitants qui en 1798 était de 8,000 environ, s'est élevé à plus de 30,000, sans compter 12 à 15,000 ouvriers qui y vont travailler le jour, et qui se retirent pour la nuit dans les villages environnants, dont la population est aussi plus que triplée.

——

On voit par cet exposé que l'annexion de ces provinces à la France est consacrée par le temps et les traités ; annexion d'ailleurs effectuée, non par la violence, mais par le libre consentement des populations. Quel prétexte pourrait justifier une séparation qu'elles repoussent de toutes leurs forces. L'énergie avec laquelle la Lorraine et l'Alsace combattent l'invasion doit prouver à l'étranger que ce sera en vain que pour les dompter, il les couvrira de sang, de ruines et de cendres ; ces provinces, gauloises d'origine, seront toujours françaises.

Edmond Dupont.